Está Escrito

Está Escrito

∽∽

ALDIVAN TORRES

Canary Of Joy

CONTENTS

1 Capítulo 4   1

1

Capítulo 4

"Está Escrito"
Aldivan Torres
Está Escrito
Por: Aldivan Torres
©2020- Aldivan Torres
Todos os direitos reservados.

Este livro, incluindo todas as suas partes, é protegido por Copyright e não pode ser reproduzido sem a permissão do autor, revendido ou transferido.

Aldivan Torres, nascido em Brasil, é um escritor consolidado em vários gêneros. Até agora, os títulos foram publicados em dezenas de idiomas. Desde tenra idade, ele sempre foi um amante da arte de escrever, tendo consolidado uma carreira profissional a partir do segundo semestre de 2013. Ele espera, com seus escritos, contribuir para a cultura internacional, despertando o prazer de ler naqueles que não têm o hábito. Sua missão é conquistar o coração de cada um de seus leitores. Além da literatura, suas principais diversões são música, viagens, amigos, família e o prazer da própria vida. "Pela literatura, igualdade, fraternidade, justiça, dignidade e honra do ser humano sempre" é o seu lema.

Dedicatória e Agradecimentos

Dedico esta obra a minha mãe, a minha família, a meus leitores, a meus seguidores e admiradores. Eu não seria nada sem vocês. Especialmente dedico este trabalho a todos que perseguem seus sonhos.

Agradeço a Deus em primeiro lugar, a meus parentes e a mim mesmo por ter sempre acreditado em meu potencial. Eu ainda vou chegar mais longe.

O Autor

"Em seu coração o homem planeja o seu caminho, mas o Senhor determina os seus passos."

Provérbios 16:9

Introdução

"Está Escrito" é uma obra baseada em fatos reais. Inspirada no filme de mesmo nome, mostra a trajetória dum menino nascido no sertão do nordeste Brasileiro numa família de agricultores. Enfrentando todo tipo de adversidade, ele cresceu com esperanças de realizar seus sonhos. O jovem é um artista em seu maior grau de plenitude: Escritor, poeta, compositor e roteirista.

A maior lição que o livro traz é o da perseverança. Não há sonho difícil ou impossível de realizar. Basta ter os elementos apropriados e saber planejar adequadamente as etapas do projeto. Meu desejo é que este livro inspire muitos jovens a continuarem lutando pelos seus sonhos. É preciso ter fé em seu próprio potencial. Um abraço a todos e boa leitura!

O Autor

Conteúdo do Livro

Capítulo 1

Capítulo 2

Capítulo 3

Capítulo 4

Capítulo 5

Capítulo 6

Capítulo 7
Capítulo 8
Capítulo 9
Capítulo 10
Capítulo 11
Capítulo 12
Capítulo 13
Capítulo 14
Capítulo 15
Capítulo 16
Capítulo 17
Capítulo 18
Capítulo 19
Capítulo 20
Capítulo 21
Capítulo 22
Capítulo 23
Capítulo 24
Capítulo 25
Capítulo 26

Capítulo 1

Era o ano de 1993. A família Torres era composta por Maria, José e Divino. Habitavam um povoado no Sertão Pernambucano, chamado "Esperança". O lugar, com cerca de dois mil habitantes, proporcionava uma vida tranquila à família apesar de poucas oportunidades de renda. Noventa por cento das famílias que moravam ali viviam da agricultura, da renda das aposentadorias rurais ou de pequenos serviços prestados à prefeitura.

Amanhecera. Costumeiramente, "os Torres" reúnem-se ao redor da mesa de madeira na cozinha. Todas as refeições eram tidas como rituais de aproximação entre os membros da família. Ao lado deles, acompanhavam este momento o cachorro "Spike" e o gato "Pecho".

José

O que é que nós temos para comer hoje, mulher?

Maria

A mesma coisa de sempre.

José

Isso é bom. Ao menos nós temos comida hoje.

Divino

Pai, você poderia comprar pão para mim?

José

Não temos dinheiro, Divino.

Divino

Mas eu queria tanto comer um pão.

José

Então trabalhe! Hoje você vai me ajudar na plantação. Se você trabalhar bem, prometo que compro o pão para você.

Divino

Quanto ao meu dia de estudos, vou perder?

José

Você quer comer? Lembre-se de que as recompensas vêm dos esforços.

Divino

Tudo bem, eu vou trabalhar.

Divino fica pensativo. Analisa seus dez anos de trajetória. Desde que se entendeu como gente sua rotina era trabalhar de sol a sol procurando sobreviver naquele sertão de meu Deus. Isso não podia ser justo. Ele era apenas uma criança. Ao invés de estar brincando e estudando como qualquer criança normal, trabalhava como agricultor. Mas era sua única saída. Precisava sobreviver a todo custo e alimentar seus sonhos.

Em sua fantasia, se via formado em uma boa profissão, escrevendo seu próprio livro e dirigindo seu próprio filme. Ao mesmo tempo que sonhava, vozes contrárias em sua mente desdenhavam dele. Era preciso muito controle mental para poder prosseguir em frente.

Minutos depois, saia com seu pai. Iriam para a labuta normal na roça.

Capítulo 2

O trajeto até a roça era um percurso extenso. Teriam que subir cerca de duas léguas num caminho de extrema dificuldade subindo a serra do Ororubá, a montanha sagrada. Divino seguia o pai o mais rápido que podia. Suas pequenas pernas davam passos consistentes e conscientes naquele emaranhado de espinhos e de matagal. Podia-se dizer que o garoto era cria da natureza. Com descendência indígena, portuguesa e Africana ele era o retrato brasileiro da miscigenação.

Quem era realmente aquele pobre menino? Era o retrato da superação. Aprendera com os pais a superar cada dificuldade imposta pelo semiárido nordestino, um local esquecido pelo governo e pelas autoridades, um bolsão de miséria mundial. Mesmo assim, isso não lhe impedia de sonhar.

Á sua frente, estava um dos seus exemplos: seu pai. Nordestino, negro e pobre tinha atravessado o país na juventude em busca de melhores condições de vida. Sem sucesso, retornara a sua terra natal. Casara e tivera um filho. Fizera questão de ensinar seus valores e seu ofício. Apesar da sua rigidez, o filho agradecia sua dedicação.

Ali estavam os dois, em uma das paradas táticas, embrenhados na mata visceral.

Divino

Pai, o que devo fazer para me tornar um grande homem?

José

Em primeiro lugar, estude. Então use esse conhecimento adquirido para viabilizar seus sonhos. Quero que você saiba, meu filho, nada se alcança sem esforço ou trabalho. Se quiser vencer, vai ter que esforçar muito pois você nasceu num ambiente de pobreza e injustiça como é o nordeste brasileiro. Peço que não se desespere nos momentos difíceis. Deus está contigo.

Divino

Eu prometo lutar, pai. Peço também vossa compreensão quando eu precisar.

José

Eu compreenderei. Entretanto, peço que não me envergonhe diante da sociedade.

Divino

O que quer dizer com isso?

José

Você é ainda muito jovem para entender isso. Mas a sociedade é um conjunto de regras. Para adquirir respeito, você tem que seguir os padrões dela.

Divino

Perdoe-me, meu pai, mas não concordo. Eu tenho meus próprios valores e opiniões. Que se dane a sociedade se isso vai contra suas regras. Eu quero ser apenas feliz.

José

Que seja assim! Prepare-se para uma dura batalha.

Divino

Eu sou muito pequeno, mas já sou um grande guerreiro. Vou lutar e prometo que não vou perder.

A jornada prossegue. Ambos concentrados em seus próprios passos e pensamentos. O que seria daquele garoto sonhador? O pai estava pensando apenas no bem dele. Por isso tentava protege-lo. Mas isso não seria uma atitude egoísta da parte dele? Na verdade, as pessoas só aprendem com os próprios erros. Negar isso seria como retirar sua própria identidade.

Um pouco depois, eles finalmente chegam na roça e começam a trabalhar.

José

Vou te ensinar a plantar, meu filho. Em cada cova, coloque três grãos de feijão e quatro grãos de milho.

Divino

Entendido, pai.

Divino

Estou cansado, pai!

José

Descanse e depois continue! Precisamos trabalhar mais!

José
Terminamos, filho! Vamos para casa!
Divino
Estou só um farrapo! Não estou me sentindo bem!
José
Toda primeira vez é assim! Depois melhora!
Divino
Assim espero!

Conforme disseram, iniciaram o trajeto de volta para casa. Estavam com fome e ansiosos para rever a matriarca da família.

Após algumas horas de caminhada, finalmente alcançam o objetivo e adentram em sua residência.

José
Filho, vou comprar comida!
Divino
Tudo bem, pai!

Divino se sente mal, vai deitar e é socorrido gentilmente pela mãe. O pai volta do mercado.

Maria
Divino está deitado na sala com febre alta. O que aconteceu?
José
Nada! Hoje trabalhamos apenas nos campos!
Maria
Meu amor, pense bem! Você não está sendo duro com ele?
José
Por que você diz isso?
Maria
É claro que esse menino não nasceu para a vida no campo. É muito frágil para suportar uma labuta no campo. Veja o que você fez com ele: faltou na escola e ainda está doente. Satisfeito?
José
Eu não sabia o que ia acontecer. O que você sugere?
Maria
Ele é um garoto muito dedicado aos estudos. Eu acredito que pode

vencer na vida porque ele tem muita força de vontade. Que tal dar uma chance a ele? Uma chance que não tivemos.

José

Você está certa. O Divino merece essa chance. Eu concordo. Mas aqui no lugar ele nunca teria oportunidades. Vou mandá-lo para ficar com meu primo Abel na cidade.

Maria

Boa ideia. É uma coisa boa que você refletiu!

Divino arruma suas malas e vai se despedir dos pais.

Divino

Eu estou indo para a cidade Agradeço a oportunidade. Assim que receber dinheiro, eu o enviarei.

Maria

Não se preocupe com isso agora. Concentre-se em seus estudos. Eu ainda quero te ver, um grande homem.

Divino

Está certo, mãe! Eu prometo que você vai ver!

José

Obedeça ao seu primo Abel. Estude bastante e nunca deixe de escrever para nós. Venha nos visitar quando puder.

Divino

Tudo bem, pai! Eu vou me comportar bem. Eu virei sempre que possível!

José

Valeu filho! Deus te abençoe e proteja!

Divino sai da sala e encaminha-se até o carro que já lhe espera para levá-lo ao destino. Gentilmente, o motorista abre a porta do carro e ambos entram no veículo em silêncio. Instantes depois, começam a conversar.

Divino

Você pode ir mais rápido, motorista?

Motorista

Os jovens são realmente impacientes. Isso não está indo a lugar nenhum.

Divino

Eu nasci assim. Eu sou o fruto deste sertão do meu Deus, onde os pobres não têm tempo. Nasci com fome, ódio e sede de justiça. Por que tanta desigualdade no mundo? Por que tanta falsidade, mentiras e ganância? Não viemos todos do pó e ao pó retornaremos? Nós não somos os mesmos diante de Deus? Por isso, não entendo as desigualdades deste mundo.

José

Você é jovem demais para entender. Mas eu vou te ensinar uma coisa. O responsável neste mundo é orgulho e dinheiro. Os pobres financiam os benefícios dos ricos com seu trabalho. Isso gera desigualdade. As pessoas estão mentindo para ganhar. Os honestos quase sempre perdem porque o que conta é ser inteligente. Embora sejamos poeiras, muitas pessoas se sentem superiores porque são bonitas, ricas ou famosas. Quando o homem é da classe alta, simplesmente ignora a existência da classe baixa.

Divino

Exato! Eu sou exatamente o oposto do que os outros são. Sou um ser sem preconceitos, com muita disposição e sonhos. Eu não desisto facilmente. Estou saindo da casa dos meus pais pela primeira vez. Eu vou morar com meu primo. Eu quero estudar e ser alguém na vida.

José

Isso! Estude, garoto! Não fará nenhum mal a você! Só não se esqueça de nós, gente pobre do campo, também sonhadores.

Divino

Prometo aqui diante do senhor. Ainda que eu ganhe o mundo, não deixarei de ser o pequeno sertanejo do nordeste brasileiro. Nada me fará perder minha essência. Se fosse assim, eu não seria o filho de Deus.

Motorista

Que palavra forte! Filho de Deus! De onde tirou isso, garoto?

Divino

Minhas entidades me nomearam assim! O ser humano é a união de duas partes, Yin e Yang. Milagrosamente, eu sou apenas bom que me deu predicado para esse nome.

Motorista

Deixa de conversa, garoto! Você acha que um anjo do céu iria cair entre nós assim tão fácil? Conte outra!

Divino
O Nordeste é esquecido pelas autoridades, mas nunca foi esquecido por Deus! Acredite e você terá encontrado o caminho certo.
Motorista
Está certo! Deixe-me concentrar um pouco agora! Descanse!
Divino
Sim, senhor! Estou em suas boas mãos.

O trajeto finalmente é cumprido. Divino desce do carro junto com o motorista.

Motorista
Estamos aqui, garoto! Agora é com você. Siga seus sonhos e todos estaremos torcendo por você.
Divino
Obrigado amigo! Aqui está o seu pagamento! Tudo o que você quer para mim, eu também desejo para você.
Motorista
Esse dinheiro vai me ajudar muito. Em tempos de desemprego, tudo é bom. Deus te abençoe!
Divino
Amém! A todos nós!

Capítulo 3

Divino caminha alguns passos, bate na porta da casa e é atendido.
Divino
Bom dia a todos, venho do lugar da esperança. Meu nome é Divino, o que significa pequeno sonhador.
Abel
Filho do meu primo! Bem-vindo! Fique à vontade!
Daniel
Meu nome é Daniel, Abel é meu pai. Em mim você tem o apoio que precisa.
Rosane

Eu sou Rosane, esposa de Abel. Eu sou uma pessoa doce e compreensiva. Acredite que nós cuidaremos de você.

Divino
Obrigado a todos! Como posso contribuir para um bom relacionamento entre nós?

Rosane
Tem que ser um menino obediente, educado e prestativo.

Daniel
Você tem que ser razoável em suas ações, conhecendo seus limites.

Abel
Você tem que estar me entendendo e me respeitando como chefe da casa. Você tem que trabalhar para pagar suas despesas. Lembre-se sempre de que você não está na casa de seus pais. Aqui todo mundo tem sua responsabilidade.

Divino
Estou ciente de tudo o que tenho que fazer e como me comportar. Prometo ser útil a todos. Por outro lado, eu também quero respeito. Saí da casa dos meus pais e decidi vencer. Diga-me, senhor Abel, quando começo?

Abel
Você está no céu! Para mim, você pode começar agora. Quero que você limpe a casa em geral, cuide dos banheiros sujos, limpe os quartos e prepare o almoço. À tarde, dê um banho no meu cavalo e dê um passeio com meu cachorro. À noite, você pode finalmente estudar porque eu já matriculei você na escola do bairro.

Divino
Tudo bem, primo! Você pensou em tudo.

Rosane
Isso! Pensamos no seu bem e na nossa comodidade! Acho que vou passear na casa da minha irmã enquanto você trabalha. Sei que a casa estará em boas mãos.

Daniel
Eu estou indo para a casa do meu amigo jogar videogame. Fico feliz que tenhamos você para nos ajudar, Divino.

Abel

Vou à empresa cuidar de alguns problemas e depois voltarei. Eu venho para verificar a qualidade do seu trabalho. Tenho uma grande preocupação com a qualidade dos serviços.

Divino

Todo mundo vai com Deus. Eu estarei bem! Trabalhar nunca me deixou com medo. Eu farei o meu melhor.

Abel

Ótimo, querido!

Divino começa a limpar a casa e começa a refletir sobre algumas coisas.

Divino

Que casa grande! Agora vejo que não será fácil cumprir o que prometi!

Divino

Mesmo que seja difícil, não posso desistir agora! Minha família depende do meu esforço para sobreviver! Não posso decepcioná-los.

Divino

Todos os obstáculos me dão forças para continuar. Independentemente do resultado final, considero-me um vencedor.

Divino

Eu terminei de limpar! Agora vou preparar o almoço.

Divino desloca-se da sala para a cozinha.

Divino

Eu não tenho muita experiência com comida! Serei capaz de preparar algo bom?

Divino

Como minha mãe diz, para que a comida seja boa, ela precisa ser feita com amor. Isso eu tenho muito!

Abel chega do trabalho.

Abel

Divino, você está pronto?

Divino

Sim, eu terminei agora.

Abel

Preciso da tua ajuda. Vamos para o quarto!
Divino
Está certo!
Abel
Você é muito bonito, Divino! Eu vou te ensinar uma coisa!
Divino
Isso é bom ou ruim?
Abel
É transformador!
Divino
Monstro! Por que você me machucou assim? Parece que eu até gostei!
Abel
Isso significa que você é homossexual.
Divino
O que é homossexual?
Abel
Pessoas que gostam do mesmo sexo. Obrigado por se descobrir.
Divino
Eu não sei se eu te odeio ou te agradeço! O futuro dirá!
Abel
Não conte a ninguém. Caso contrário, eu vou te matar!
Divino
Salve minha vida! Eu ainda quero ganhar na vida.
Abel
Posso poupar sua vida desde que seja discreto.
Divino
Eu prometo que vou ser.
Os outros integrantes da casa chegam e vão jantar.
Rosane
Isso é uma porcaria! Você não sabe cozinhar, Divino?
Divino
Eu fiz o meu melhor!
Rosane
Eu já vi que você não tem muito talento. Você me faz cozinhar. Você

já pensou no dano que vai causar nas minhas unhas? Demiti a empregada quando soube que você estava vindo.

Divino

Eu sinto muito! Por favor, perdoe-me e deixe-me continuar nesta casa.

Rosane

O que você acha, Abel?

Abel

Ele fez uma ótima limpeza na casa. Além disso, é cuidadoso e trabalhador. Portanto, merece uma chance!

Daniel

Mãe, dê uma chance a ele! Com quem eu desabafaria? Com quem eu lutaria ou implicaria?

Rosane

Está bem. Já vi que eu tenho um coração de ouro por conseguir suportar mortos de fome aqui em casa. Que família essa do seu pai! Só me dá trabalho.

Abel

Não existe uma família perfeita, mulher! Pense nisso como um ato de caridade.

Rosane

Agora me diga, idiota, quem tem pena de nós quando estamos na sarjeta? Só podemos contar conosco.

Divino

Quando decidi vir aqui, vim para colaborar. Ajudei do meu jeito com meu esforço. Deus sabe o quanto é importante para mim estudar. Mas se estou sendo um fardo para todo mundo, posso sair.

Abel

Não diga isso divino, prometi a seu pai. Não ouça os outros. Lembre-se que eu sou o chefe aqui.

Divino

Obrigado, primo.

Daniel

Toda família é assim, Divino. Minha mãe e eu não temos temperamento fácil. Mas você se acostuma com isso a tempo. Na vida nos acostumamos a tudo, não é?

Divino
Nem sempre, Daniel. Às vezes, as circunstâncias nos levam a decisões drásticas. Embora estejamos no começo de tudo.

Daniel
Sim, o céu ou o inferno começaram para você.

Abel
Divino, vá e cuide de suas outras obrigações. Até logo.

Divino
Está certo! Vou!

Divino cumpre todas obrigações. Ele vai até o quarto tentar descansar.

Divino
Eu já levei o cachorro para passear e já banhei o cavalo. Cumpri minhas obrigações da tarde. Como vou estudar totalmente cansado?

Anjo
Força, Divino. Eu estou com você o tempo todo.

Divino
Quem é você?

Anjo
Eu sou seu anjo da guarda. A partir de agora, estaremos sempre conectados.

Divino
O que é anjo da guarda?

Anjo
Eu sou seu protetor espiritual. Eu levo seus pedidos a Deus e protejo você de todo mal.

Divino
Sou muito grato por isso. O que você me diz sobre eu estar na casa de estranhos?

Anjo
Isso irá gerar aprendizado para você. Mas lembre-se sempre do seu

espírito guerreiro, você é como o leão de Davi, que não se submete a ninguém.
Divino
Eu sei disso. Estou em um momento difícil e confuso. Meus sonhos estão sendo atropelados. Eu preciso lutar, mas a correnteza é muito forte.
Anjo
Eu vou lutar com você. Seu Deus é mais forte que a correnteza. Siga sua intuição sempre.
Divino
Vou tentar. Algo me diz para seguir em frente e enfrentar a situação. Eu confio na vitória.
Anjo
Muito bem. Até logo.
Divino
Até logo.
É o primeiro dia de aula. Divino desloca-se cheio de ansiedade, dúvidas e incertezas. O que lhe esperava? Chegando na instituição de ensino, ele procura sua sala e se acomoda. A Aula se inicia.
Professora
Boa noite a todos. Espero que todos estejam bem. Vejo que há um novato na sala de aula. Qual é o seu nome?
Divino
Meu nome é Divino. Eu venho do interior com muita coragem. Eu quero estudar e ser alguém na vida.
Aluno
Divino, este é o nome de um veado.
Divino
Eu não sei o que você quer dizer. Mas eu realmente gosto do meu nome.
Aluno
Então você é uma bicha assumida. Não é pessoal?
Outros alunos
Bicha!
Shirley

Deixem-no em paz, seus escrotos! Não ligue para eles, Divino. São uns mal amados!

Divino

Obrigado por me defender. Você é linda e gentil!

Shirley

Você também! Receba meu presente! Esses doces que eu mesmo fiz!

Divino

Obrigado! Qual o seu nome?

Shirley

Shirley. Muito prazer!

Divino

O prazer é todo meu!

Professora

Quanto é a raiz quadrada de quarenta e nove?

Um aluno

Vinte e cinco!

Outro aluno

Dez!

Divino

Sete!

Professora

Parabéns, Divino! Você é inteligente para a sua idade!

Divino

Obrigado, professora!

Um aluno

Isso foi apenas sorte!

Divino

Foi competência! Eu estudo há muito tempo! Siga meu exemplo!

Um aluno

Deus não permita! Eu não quero ser bicha! Eu sou homem!

Professora

Foco, pessoal! Vamos estudar!

Capítulo 5

Divino volta para casa e reencontra os parentes.

Divino

Estou aqui, família!

Abel

Como foi seu dia de estudo?

Divino

Muito útil, apesar das dificuldades. Eu realmente gostei! Estou muito esperançoso.

Abel

Que bom! Estou feliz por você!

Daniel

O que você carrega na bolsa, Divino?

Divino

Um doce que uma garota me deu de presente.

Daniel

Eu adoro doces! Posso ficar com eles, mãe?

Divino

Claro filho! Eu também amo doces!

Divino

O que? O presente é meu!

Abel

Seja generoso, Divino! Lembre-se de que você não está em sua casa. Tudo o que vem aqui é nossa propriedade.

Divino

Está certo! Fique com o doce! Pelo menos não terei diabetes!

Rosane

Nem teremos diabetes, trouxa. Vamos dividir. Obrigado pela compreensão! Continue sendo gentil! Um boa noite!

Divino

Uma ótima noite!

Capítulo 6

Divino tranca-se no quarto e começa a refletir.

Divino

Primeiro dia na cidade grande! Estou completamente exausto e tonto! Quando saí do local, não imaginava que fosse tão difícil. Sinto-me impotente diante de obstáculos. Eu sou movido apenas pela fé!

Anjo da Guarda

Isso! Você tem muita fé! Deus está com você, Divino!

Divino

Eu estou feliz por você estar aqui. Você é o único amigo que tenho.

Anjo da Guarda

Eu estou sempre com você. Eu fortalecerei sua fé na caminhada. Sua trajetória é longa!

Divino

Longa e cheia de sofrimento? Como vou suportar isso? Eu não posso nem ter minhas próprias coisas nesta casa.

Anjo da Guarda

Você é livre para tomar decisões! Onde quer que você vá, você enfrentará dificuldades. Mas cada experiência fortalecerá seu caráter e sua força.

Divino

Eu sou tão pequeno. Eu posso tomar decisões? E minha família?

Anjo da guarda

Nesse ponto, você depende apenas de seus próprios pontos fortes. Apenas continue com determinação, ousadia e coragem!

Divino

Você está certo! Eu não gosto desta casa. Eu quero conhecer e enfrentar o mundo.

Anjo da Guarda

Grande ideia! Eu estarei com você!

Divino

Obrigado, meu amigo!

Capítulo 7

Divino apronta a mala e se encaminha para sair da casa.

Divino

Chegou o grande dia! Estou saindo de casa!

Rosane

O que é isso, garoto tolo?

Divino

Foi o que você ouviu, bruxa! Estou muito perto da minha liberdade.

Rosane

Você não vai sobreviver! O mundo lá fora é muito pior do que você pensa.

Divino

Estou pronto! Estou cansado de ser seu capacho, de não ter minha liberdade ou minhas coisas. Eu cresci e agora quero meu espaço.

Abel

O que vou dizer aos seus pais? Você não pensa em sua família?

Divino

Tenho certeza que eles apoiariam minha decisão. De qualquer forma, nesta casa eu nunca serei feliz. Eu preciso tentar novos caminhos na minha trajetória. Preciso me encontrar.

Abel

Estou orgulhoso de sua determinação. Você é admirável. Resta-me desejar-lhe boa sorte e pedir perdão pelos meus fracassos.

Divino

Obrigado pela estadia por este tempo. Não quero nem posso guardar ressentimentos de ninguém, porque preciso ser feliz. Fique na paz!

Capítulo 8

Divino caminha sem cessar. Chega um momento em que fica cansado e encontra uma estranha.

Divino

Estou andando por horas sem destino. O que eu faço, meu Deus?

Katherine

Eu vejo que você está perdido. O que um garoto bonito como você faz por aqui?

Divino

Saí da casa do meu primo.

Katherine

Porque você foi embora?

Divino

Eu não estava feliz lá. Eu era o capacho de todos. Vivi dias, meses e anos horríveis na companhia de pessoas mesquinhas. Sofri atrocidades.

Katherine

Coitadinho! Eu imagino o seu sofrimento. Admiro sua coragem de sair de casa. Mas você já pensou que pode ter sido uma decisão errada? O que faz você acreditar que na rua você conseguirá algo melhor?

Divino

Honestamente, não sei o que me espera nesta nova fase da minha vida. Mas não tenho medo. Se eu sobrevivi a mais de uma década de humilhação, posso conquistar tudo. Ainda serei o orgulho da minha família!

Katherine

Você já é o orgulho da sua família. Tenha certeza disso. Olha, eu sou um administrador deste lugar. Fique aqui comigo e eu vou protegê-lo. Viver nas ruas é extremamente perigoso para jovens inocentes como você.

Divino

Muito obrigado. Deus te abençoe! Estou pronto para lutar e vencer novamente. Qual é o seu nome?

Katherine

Meu nome é Katherine e você?

Divino

Meu nome é Divino. Também sou conhecido como filho de Deus, O vidente e pequeno sonhador.

Katherine

Bem-vindo, filho de Deus, que honra.

Divino

O prazer é meu.

Capítulo 9

Divino está trabalhando. Numa dessas, encontra um serviço.

Divino

Bom dia, você quer ajuda, madame?

Cassandra

Sim, jovem. Você poderia pegar minhas malas? Eles estão muito pesados.

Divino

Claro que sim. Estou à sua disposição. Onde estamos indo?

Cassandra

Para minha casa. Me siga!

Divino

Está certo!

Cassandra

Qual é o seu nome, jovem bonito?

Divino

Meu nome é Divino. E você?

Cassandra

Eu sou Cassandra. Que nome lindo. Onde você mora?

Divino

Eu sou um sem-teto. Eu tenho tentado sobreviver com esses pequenos trabalhos por um tempo.

Cassandra

Você é admirável. Agora você está me deixando curiosa. Você poderia me contar um pouco sobre sua história?

Divino

Sim, claro, com prazer. Nasci no interior, em uma família de agricultores. Desde tenra idade, aprendi a valorizar o trabalho e a luta. Mesmo vivendo com a seca, a fome e a indiferença das autoridades, nunca deixei de sonhar. Meu objetivo sempre foi estudar e me tornar um bom homem. Eu quero vencer com minha própria força. Como não tinha opções para estudar no campo, fui enviado para a casa de meu primo nesta cidade. Foi onde eu vivi um inferno real. Além de trabalhar como escravo, fui humilhado o tempo todo. Para ter a chance de vencer, engoli o choro e continuei lutando. Foram mais de uma década de sofrimento e tristeza constantes onde eu era o capacho de todos. Por isso prefiro morar nas ruas. Eu continuo com meus sonhos sem incomodar ninguém. Não sei quando vencerei, mas a vitória é certa e prometida pelo meu Deus. Este ser glorioso é chamado Jesus. Ele é o pai dos pobres e esquecido pelo mundo.

Cassandra

Que história impressionante. Qual é o seu principal sonho?

Divino

Eu quero ser um cineasta. Quero contar minha história e a de outras pessoas através das telas de cinema. Vejo nesta arte uma coisa fantástica: a encenação de várias realidades. Costumo chorar com cenas emocionantes e dramáticas. A questão de superar obstáculos, combater a injustiça, o abuso de pessoas cruéis, enfrentar desiguais entre outros gera histórias impressionantes. É isso que eu quero fazer: criar histórias.

Cassandra

É um sonho nobre, mas bastante difícil. Você acha que é fácil fazer filmes em um país do terceiro mundo onde o financiamento das obras depende quase exclusivamente de verbas do governo?

Cassandra

Você já pensou em competir com cinema estrangeiro? A competição é muito brutal e o risco de fracasso é grande demais.

Divino

Eu já sei tudo isso, mas não desisto. Obstáculos foram feitos para serem superados. Se ainda estou vivo depois de tudo o que sofri, há um plano maior na minha vida. Serei Davi enfrentando Golias sem medo de perder. Apenas tentando, eu já sou um vencedor.

Cassandra

Sua força é admirável e invejável. Se eu pensasse como você, não tinha desistido tão jovem.

Divino

Qual era seu sonho?

Cassandra

Meu sonho era ser uma escritora profissional. Mas depois de uma década de fracassos, desisti. Acabei me aposentando como professora da escola primária.

Divino

Eu não queria fracassar. Eu queria fazer a diferença. Queria um dia estar no Oscar, recebendo um prêmio pelo meu país. Eu não queria esse prêmio por vaidade, só queria mostrar ao mundo que, quando acreditamos em sonhos e lutamos por eles, a vitória é possível.

Cassandra

Você vai vencer. Quero viver para ver esse dia e aplaudi-lo de pé. Eu acredito na sua conquista do mundo!

Divino

Que Deus te ouça! Não sei se sou digno dessa graça um dia, mas tentarei. No momento, eu só quero sobreviver com meus empregos. Por isso peço sua generosidade.

Cassandra

Você merece. Eu farei tudo ao meu alcance. Parabéns por ser esse jovem sonhador!

Divino

Obrigado pelos elogios. Vamos continuar! O tempo urge!

Cassandra

Você está certo! Vamos seguir com fé!

Eles terminam chegando ao destino.

Divino

Aqui estão suas coisas, senhora! Foi um prazer ajudar.

Cassandra

Aqui está o seu pagamento. Incluí um bônus para que você possa incentivar seu sonho.

Divino

Obrigado por sua gentileza. Deus e seus anjos sempre o protegerão. Você foi muito especial para mim. É muito provável que não nos voltemos a ver, mas lembrarei de você ao longo da minha carreira. Vou chamar de esperança.

Cassandra

Sua esperança não é vã. Está escrito que por caminhos tortuosos você encontrará sua felicidade. Tenha esperança e fé!

Divino

Eu tenho toda confiança em Deus e em mim mesmo. Está escrito!

Capítulo 10

Divino prossegue na sua caminhada. Quando se sente cansado, senta na calçada e descansa um pouco.

Homem

O que você está fazendo na rua, garoto?

Divino

Eu sou um sem-teto desde que saí da casa do meu primo. Lá, a atmosfera era insuportável e eu preferia morar aqui.

Homem

Que tragédia! Eu gostaria de ajudar você. Eu moro sozinho desde que meus pais faleceram. Você quer morar comigo?

Divino

Você tem certeza? Eu não vou incomodar? Ter uma casa é tudo o que eu queria agora.

Homem

Não tem problema. Sua companhia diminuirá minha solidão. Algumas pessoas já recusaram minha oferta porque minha casa está assombrada.

Divino

Assombrada? Você quer dizer habitado por espíritos? Bem, deve ser melhor do que viver nas ruas.

Homem

Isso depende da pessoa. Mas vou propor um teste. Fique na minha casa por um tempo. Isso pode ajudá-lo a desenvolver sua mediunidade.

Divino

Você percebeu que eu sou médium?

Homem

Exatamente. Eu tenho sensibilidade para essas coisas. Vamos então?

Divino

Sim, vamos lá.

Divino e o homem misterioso começam a andar juntos. Em meio às incertezas, era a única saída para o jovem sonhador livrar-se do perigo da rua. Mas não se sentia totalmente confiante em um estranho depois de tantas experiências negativas vivenciadas em sua trajetória. Um pouco depois, chegam em casa. Adentram na sala acomodando-se no sofá. Uma conversação é iniciada.

Homem

Diga-me um pouco sobre você.

Divino

Meu nome é Divino. Eu venho do interior para a cidade grande em busca dos meus sonhos. Vim estudar e tentar ser um bom homem. E você?

Homem

Sou herdeiro de alguns empresários. Dirijo meu negócio e moro aqui sozinho. Nos meus tempos livres, tento entender o universo um pouco melhor. Mas diga-me: Quais são esses sonhos?

Divino

Em primeiro lugar, ter estabilidade financeira. Posteriormente, eu quero me tornar um cineasta. Eu amo a arte de contar histórias.

Homem

Que legal! Isso é realmente extraordinário. Você pode imaginar contar sua própria história e ganhar um prêmio? Que orgulho você daria à sua família e ao seu país.

Divino

Este ainda é um sonho distante. Minha realidade atual é trabalhar e estudar. No entanto, a esperança me move para o futuro.

Homem

Grande verdade! Se estiver escrito, isso acontecerá. Você é bem jovem ainda e com um futuro pela frente.

Divino

Acredito que sim! E a mediunidade?

Homem

Trouxe você para entender melhor esse dom. Considere a minha estadia um período de desenvolvimento e descoberta. Eu serei seu mestre!

Divino

Que honra! Vou me esforçar para ser um bom aprendiz! Eu fugi dela a vida toda, mas agora é a hora certa.

Homem

Sim. Tudo tem o seu tempo. Bem-vindo à minha casa!

Divino

Muito obrigado!

Divino foi para o quarto. Agora, era um momento de reflexão e aprendizado. Ele precisava conversar com Deus.

Divino

Pai, queria agradecer por mais um dia. Foi outro dia de labuta, mas sinto sua presença em todos os obstáculos ultrapassados. Sinto-me como seu filho, porque você é meu conforto e abrigo. Um boa noite!

Vampiro

Eu vou destruir-te! Eu quero morder você!

Divino

O que você quer dizer? Quem é você?

Vampiro

Eu sou o primeiro vampiro do mundo. Eu vim para sugar seu sangue!

Divino

Você não pode porque eu sou bom!

Anjo

Isso mesmo! Deixe o menino em paz, monstro! Caso contrário, vai se ver comigo.

Vampiro

Sua sorte é realmente ser bom! Eu vou embora expulso pelo espírito santo. Agradeça sempre a ele, garoto!

Divino

Estou tão feliz que você está aqui. Eu tinha medo que o monstro me fizesse algum mal.

Anjo

Embora o mal se aproxime de você, não o prejudicará. Você é o ungido do santo Pai. Portanto, seu nome é filho de Deus!

Divino

Toda a glória ao Senhor para sempre! Olha, eu preciso falar com você. O que você achou da minha decisão de morar aqui?

Anjo

Seus caminhos estão gradualmente ficando mais definidos. Se está aqui, é por vontade divina. Aproveite a situação para aprender mais sobre os relacionamentos humanos e seu dom. Isso lhe dará um crescimento incrível.

Divino

Eu realmente preciso evoluir e me tornar o homem que sonho e desejo. Eu preciso entender as linhas da vida e "ser como o rio que corre", completamente entregue ao destino. O poderoso Deus me guiará.

Anjo

Tudo acaba bem quando acaba bem. Estou do seu lado, Divino. Eu sou seu companheiro nesta jornada árdua. Estamos no caminho da vitória.

Divino

Sim, apenas pelo esforço, já somos vencedores.

Anjo

Fique em paz. Eu sempre vou te proteger.

Divino

Muito obrigado!

Capítulo 11

Divino prosseguiu com sua carreira. Sua luta pelos seus sonhos e sua vontade de viver o animavam. Era mais um dia de rotina comum na escola. No entanto, ele tinha tomado uma decisão.

Divino

Kate, queria te falar algo.

Kate

O que é?

Divino

Eu gosto de você. Faz três anos que estudamos juntos no colegial e desde o primeiro momento você me agradou. Gostaria de ser minha namorada?

Kate

Divino, o que há com você? Eu nunca te dei esperanças de namoro. Quero deixar bem claro que somos apenas colegas. Além do mais, já tenho namorado.

Divino

Desculpe minha declaração. Você sempre me tratou tão bem que pensei que teria alguma chance. Prometo não tocar mais nesse assunto.

Kate

Ainda bem que é sensato. Vou fazer de conta que não recebi essa declaração. Pode ficar tranquilo. Meu namorado não vai saber.

Divino

Obrigado por isso!

Capítulo 12

Divino volta para casa insatisfeito e angustiado. Desperdiçara mais uma chance de ser feliz e estava perdendo as esperanças. Com a porta entreaberta, adentra na sala onde encontra seu anfitrião.

Divino

Boa noite!

Homem

Como foi na escola, Divino?

Divino

Trágico. Acabei de ser rejeitado pela garota que eu gostava.

Homem

Meu Deus! Pobrezinho! Sente aqui e desabafe.

Divino

Eu criei coragem e me declarei para ela. Como resposta, fui rejeitado. Doeu bastante, mas ela foi carinhosa e continuamos bons colegas de escola.

Homem

Isso é normal. Quem nunca foi rejeitado na vida? Eu mesmo já fui várias vezes. Acho que é uma ótima oportunidade de reflexão para que cultives o amor próprio. Por que procura o amor no outro? Você não é feliz?

Divino

Claro que sou feliz. Entretanto, sinto falta dum carinho e duma companhia. Faz três anos que estudo com essa garota. Pensei que ela sentisse o mesmo que eu sinto.

Homem

Isso é muito triste. A decepção maltrata a alma. Mas você é muito jovem. Tenho certeza que vai superar isso e continuar tendo esperanças de encontrar esse alguém tão especial. Acredite que ele existe em algum ponto deste mundo.

Divino

Sinto que ele existe sim. Vou prosseguir com minha vida normalmente. Tudo é no tempo de Deus. Obrigado pelo conforto.

Homem

Por nada!

Divino

Eu estou indo para o meu quarto agora! Boa noite!

Homem

Boa noite!

Capítulo 13

Divino entra em seu quarto. Pensativo, começa a refletir sobre a vida.

Divino

Estou completamente só neste mundo. Minha família está longe e não pode me ajudar. O que faço, meu Deus? Meus sonhos ainda não se concretizaram. E se eu morrer? Tenho muito medo disso.

Deus

Você tem medo da morte, Divino? Sabe que a morte não existe porque você é um ser eterno.

Divino

Sei que sou. Mas isso não é suficiente para controlar o sentimento que me invade quando penso nisso: saber que tudo o que construí e lutei se perderá na minha memória.

Deus

Não será esquecido. Você viverá através de seus escritos. Você já pensou em quantas pessoas ajudará? Sua memória não será apagada para eles. Lembre-se: Se não houvesse morte, não haveria vida e vice-versa.

Deus

Porque você está chorando? Não chore porque eu vou chorar também.

Divino

Não sei explicar, é involuntário.

Deus

O que você quer? Você quer que eu faça com você a mesma coisa que fiz com Enoch?

Divino

Como seria?

Deus

Eu criaria um furacão e levaria você ao céu vivo. Todos os dias, volto à terra para buscar comida para ele. Ele é lindo como você é.

Divino

Não, obrigado. Não sou melhor que meus pais. Eu tenho que cumprir minha missão. Além disso, eu morreria se entrasse em um furacão.

Deus

Você não iria morrer, homem de pouca fé. Você não perderia uma única mecha do seu cabelo.

Deus

Pare com isso, seu jovem mimado. Olha, eu prometo que você será o primeiro a se levantar novamente no novo mundo. Você sabia que os anjos estão chorando até agora?

Divino

Perdoe-me. Eu sou um tolo. Quando chegará o novo mundo?

Deus

Daqui a dez mil anos. Se você revelar esse segredo, não há problema. Eu mudo meus planos.

Divino

Não se preocupe. Eu sei guardar segredos quando é necessário. Obrigado pelas palavras.

Deus

Por nada. Bem, eu já vou. Quando você desencarnar, irei buscá-lo. Antes, eu revelo a você um mistério: você é uma das pequenas partículas do Cristo Ressuscitado. Em minha grande bondade, desejei que meu filho fosse eterno. Então eu transformei suas partículas sagradas em espíritos. Você é um deles, o mais abençoado. Com você, estou muito satisfeito. Não é surpreendente? Enquanto o mundo lamentar sua perda, eu sorrirei, porque você voltará para minha casa.

Capítulo 14

Divino iniciaria uma nova fase de sua vida. Tomara posse num cargo público e seria seu primeiro dia de trabalho.

Divino

Bom Dia! Quero lhe dar boas notícias. Hoje é meu primeiro dia de trabalho em um bom trabalho.

Homem

Que ótima notícia! Como você está se sentindo agora?

Divino

É um novo começo! Com a estabilidade do novo trabalho, finalmente poderei retomar meus sonhos artísticos.

Homem

Isso é realmente bom. Que este trabalho seja um trampolim para o seu sucesso.

Divino

Que Deus te ouça! Vou retomar meu trabalho imediatamente. Vou investir em mim mesmo para colher os frutos deste trabalho no futuro.

Homem

Faz muito bem. Faça seu trabalho com cuidado, respeitando o próximo. Lembre-se de tratar todos profissionalmente.

Divino

Está certo. Farei o meu melhor para desempenhar um bom papel. Me deseje sorte.

Homem

Boa sorte e sucesso em seu novo empreendimento.

Divino

Obrigado!

Capítulo 15

Divino se apresenta no trabalho. Um misto de ansiedade e nervosismo preenchem seu ser. Era a retomada duma vida vazia e triste. Ele se reúne com o chefe no escritório e tem a primeira conversa.

Divino

Bom Dia. Eu sou o novo funcionário desta empresa.

Chefe

Certo! Bem-vindo! Eu sou seu chefe. O que podemos esperar de você?

Divino

Você pode esperar compromisso, dedicação e trabalho duro. Eu vim para adicionar talentos à equipe. Da sua parte, espero compreensão, respeito, lealdade, honestidade e justiça.

Chefe

Quais são as suas melhores qualidades no trabalho?

Divino

Trabalho em equipe, eficiência, capacidade de aprendizado, profissionalismo, isonomia e alcance de objetivos.

Chefe

Muito bom! Isso me agrada muito. Quero saber agora sobre seus objetivos nesta instituição.

Divino

Desempenhar bem a missão principal da instituição e, com o salário recebido, investir na minha carreira artística.

Chefe
Qual é a sua arte?
Divino
Sou escritor, compositor, poeta e roteirista. Meu sonho do futuro é viver completamente da minha arte.
Chefe
Você tem certeza? Aqui no Brasil não conheço ninguém que sobreviva de arte. Eu acho que viver exclusivamente da arte é uma grande loucura.
Divino
Você está certo. Mas talvez eu possa me destacar. Também traduzi obras no exterior. Meu sonho é ser roteirista em Hollywood.
Chefe
Eu tenho que concordar com você. Por fora, as coisas podem ser mais fáceis. Espero que você alcance seu sonho. Mas que tal você voltar à realidade e começar a trabalhar? Está pronto?
Divino
Quando eu começo?
Chefe
Agora mesmo.

Capítulo 16

Divino é integrado ao grupo de trabalho. Seu primeiro objetivo é ser amigável e educado.
Divino
Bom Dia a todos. Eu sou o novo funcionário da instituição. Meu nome é Divino.
Jakson
Bem-vindo!
Perla
Bem-vindo ao grupo. Dê o seu melhor!
Brian
Eu sou o Brian. Você se lembra de mim? Nós nos conhecemos na rede social.

Divino

Eu me lembro. Participamos dessa mesma seleção. Bem-vindo também.

Brian

Obrigado, Divino. Fico feliz em ser seu novo colega de trabalho.

Divino

O prazer é meu. Você pode contar comigo para qualquer coisa.

Brian

Eu sei disso. O recíproco também é verdadeiro.

Divino

Licença a todos. Vou ao treinamento o que o chefe recomendou. Até logo.

Capítulo 17

Foi um dia intenso de lutas para o garoto sonhador. Entre os obstáculos iniciais, ele se deparou com grandes dúvidas. No entanto, sua força para vencer era maior do que qualquer coisa. A vitória era sua única alternativa se ele queria continuar sonhando.

Depois de cumprir seu horário de labuta, ele volta para casa cheio de novidades. Mansamente, abre a porta com a chave e já encontra seu companheiro de morada.

Divino

Boa noite amigo. Tudo certo?

Homem

Tudo de bom, Divino. Eu estava esperando por você. Como foi o seu dia de trabalho?

Divino

Foi um dia difícil, mas foi frutífero. As primeiras impressões não foram totalmente ruins. É um trabalho como outro qualquer, com vantagens e desvantagens. Espero aprender rápido e me destacar.

Homem

Muito bem. Deixe-me dizer uma coisa, Divino. Tenha muito cuidado.

Se você se destacar, provocará bastante inveja em seus colegas. Isso tornará o local de trabalho bastante complicado.

Divino

O que eu posso fazer? Eu tenho que justificar meu salário. Eu superei muito na minha vida. Se ocorrer algum problema, saberei exatamente como agir. Não se preocupe.

Homem

Isso é inevitável. Está escrito: Entre caminhos tortuosos, você encontrará a felicidade. O trabalho proporcionará um crescimento pessoal incrível. Isso pode inspirar você em livros e roteiros. Aproveite este importante momento de interação social.

Divino

Exatamente! Meu nome está superando! Passei por inúmeros serviços, cada um com seu aprendizado. De camponês a funcionário de um grande instituto. Esse foi um salto gigante. Mas ainda quero mais. Quero ganhar um grande prêmio para o Brasil na literatura e cinema.

Homem

Deus te abençoe! Você é um ser abençoado e incrível. Merece toda a felicidade do mundo. E o amor? Como se sente?

Divino

Minha clarividência me diz que serei feliz. Não sei quando nem como isso vai acontecer, mas vou encontrar a pessoa certa. Ainda tenho esperanças, mesmo depois de cinco rejeições.

Homem

Você é persistente em seus objetivos. Agora, isso é interessante. Cinco rejeições. O que você fez de errado, Divino?

Divino

Eu não fiz qualquer coisa errada. Deus está apenas me preservando para a pessoa certa. Vou dar a minha virgindade a pessoa que amo.

Homem

Sua virgindade? Que atitude linda. Isso é muito raro hoje em dia. Por que você decidiu isso?

Divino

Hoje, vivemos em um mundo totalmente sem amor. A maioria das pessoas está se prostituindo e vivendo em relacionamentos casuais. Eles fazem isso com medo de sofrer e da decepção.

Homem

Eu sou totalmente o oposto disso. Minha ética não permite relacionamentos casuais. Meu corpo é sagrado e seu prazer será dado à pessoa certa.

Divino

E se essa pessoa não chegar? O que você vai fazer?

Homem

Eu serei feliz de qualquer maneira. Ficarei feliz com meu trabalho e com minha caridade. Ajudo minha família e várias pessoas próximas no meu trabalho.

Divino

Muito bom! A caridade apaga todo pecado! Continue assim e você terá o céu como recompensa.

Homem

Este é um dos meus objetivos também. Espero conseguir!

Divino

Que assim seja!

Capítulo 18

O tempo passa um pouco. Com isso, gera novas expectativas. Divino se prepara para ir ao trabalho. Levanta, toma banho, come o desjejum, escova os dentes e sai da casa. Pega o primeiro ônibus em direção ao trabalho.

No caminho, intensas emoções percorrem sua mente. O deslocamento lhe provoca o suor frio e a respiração curta em contraposição a sua energia e força de trabalho. Era mais um dia de renovação e experiências. Ele estava disposto a tudo.

Chegando no destino, desce do ônibus e caminho a passos largos em direção à porta do estabelecimento. É recepcionado pelos colegas de trabalho que correspondem aos seus cumprimentos habituais.

Divino

Bom Dia a todos. Trouxe um presente para vocês. Entregarei a cada colega de trabalho uma cópia do meu livro "Forças Opostas". Este é o meu primeiro romance escrito em férias escolares.

Brian

Que legal, Divino. O que você escreveu aqui? Algum segredo?

Divino

Neste livro está minha alma, meus sonhos e minha ficção fantástica. Espero que você goste. Talvez você me conheça melhor.

Brian

Eu vou adorar, Divino. É sempre bom conhecer melhor seus amigos.

Vicência

Eu gosto de livros. Eu gosto de literatura espiritual e romântica. Obrigado pelo presente.

Divino

Por nada!

Renan

Eu também gosto de ler, cinema e teatro. Mas sem promessas. Afinal, você é um escritor desconhecido. Garanto que, se não gostar, servirá apenas como ornamento na minha estante.

Divino

Está tudo bem. Leia! Estou aberto a críticas e sugestões! O que eu quero é aprender e evoluir meus escritos cada vez mais.

Renan

Que bom! Sucesso!

Divino

Obrigado! Agora vou começar a trabalhar! Bom Dia a todos!

O horário do expediente de trabalho começou. Todos se concentraram em suas tarefas rotineiras. Até que Divino ficou em dúvida sobre um procedimento profissional.

Divino

Brian, me ajude aqui! Estou tendo problemas com uma tarefa.

Brian

Qual é o problema?

Divino

Esqueci o código de formatação da tarefa. Você lembra?

Brian

Eu me lembro. Use a tecla Enter.

Divino

Funcionou! Obrigado pela ajuda! Você é tão gentil comigo.

Brian

Não faço mais do que minha obrigação. Lembra que somos colegas de trabalho? Eu gosto de te ajudar. Você é uma boa pessoa.

Divino

Você também é uma boa pessoa. Se precisar de mim, você pode chamar!

Brian

Está certo! Eu vou chamar! Eu te asseguro!

Divino se sente feliz e angustiado ao mesmo tempo. O que tinha de especial naquele moreno gostoso e bonito? Ele simplesmente era uma perdição para seus olhos. Ainda assim isso requeria cuidado. O rapaz tinha tido mais de cinquenta relacionamentos com mulheres e nenhum tinha dado certo. Era um caso a se pensar. Mas será que ele resistiria aquele charme por muito tempo?

Totalmente constrangido, vai ao banheiro para disfarçar sua emoção. Ninguém poderia descobrir seu segredo. Começa a refletir consigo mesmo.

Divino

O que está acontecendo comigo? Meu Deus, o que acontece? Suas palavras doces e gentis tocam minha alma! Sua presença física me faz tremer e eu não sei como agir. Isso me lembra algo triste no passado. Será que a história se repete novamente? Eu tenho que ter muito cuidado. Eu estou indo para casa agora! Eu preciso falar com meu anjo! Eu preciso do seu conselho tão eficaz!

Capítulo 19

O horário do expediente do trabalho acabou e nosso amado escritor volta para casa. Recolheu-se em seu quarto em oração tentando encontrar ajuda divina.

Divino
Uriel, preciso da sua ajuda. Aparece!

Uriel
Estou aqui, senhor. Como posso ajudar?

Divino
Meus sentimentos estão confusos. Após cinco rejeições, acabei de descobrir que estou amando alguém.

Uriel
Ótimo, divino. Isso significa que você é um filho de Deus! O amor é um sentimento que enobrece a alma!

Divino
Não sei, meu anjo. Eu já fiquei tão decepcionado. Isto não deveria ter acontecido. Não mereço sofrer como nos outros tempos. Você entende? São amores totalmente loucos e impossíveis. Eu sou homossexual e ele é heterossexual. Isto não é amor! É uma desgraça ambulante.

Uriel
Quem disse que seria fácil? O amor é inexplicável e tem razões que a própria razão não conhece. Agora não há como voltar atrás. A decisão é tua.

Divino
Eu ficarei quieto. Vou analisar a situação e depois decidir. Pretendo manter esse emprego por um longo tempo. Mas se eu não precisasse dele, teria fugido como em outros momentos.

Uriel
Compreendo. Estou feliz que você esteja certo. Continue assim e você alcançará o sucesso rapidamente.

Divino
Tomara! Reze por mim, anjo.

Uriel
Eu faço isso todos os dias! Nada de ruim vai acontecer com você! Eu prometo!

Divino
Eu te amo! Fique comigo sempre!

Uriel

Que assim seja!

Um pouco depois, Divino dorme com os anjos. Nos próximos dias, teríamos novidades.

Capítulo 20

Mais um dia de trabalho é iniciado. Divino chega cedo como de costume.

Divino

Bom Dia a todos. É meu aniversário daqui sete dias. É um encontro especial porque tenho trinta anos.

Brian

Você não vai nos convidar? Gostaríamos de conhecer sua casa e sua família.

Divino

Meus pais moram no campo e são muito pobres. Não pude comprar uma casa para eles. Não posso receber pessoas importantes como você.

Renan

Deixe de conversa, Divino. Nós não somos seus amigos? O que há de errado em nos receber em sua casa? Não se preocupe, somos pessoas simples.

Brian

Exato. Queremos entrar em contato com sua família e ficar perto de você em uma data tão especial. Isso é importante para mim.

Divino

Peço desculpas a todos, mas este não é o momento. Quando as coisas melhorarem, prometo convidá-las.

Renan

Está bem então. Nós entendemos. Mas lembre-se de que promessa é dívida.

Divino

Não se preocupe. Este momento chegará.

Capítulo 21

Divino se acomoda no sofá do escritório refletindo sobre sua vida pessoal.

Divino

Eu tomei uma decisão. Vou declarar meu amor no aniversário dele. Mas como posso fazer isso? Escrevi uma carta, mas rasguei. Agora, só posso enviar uma mensagem por e-mail. Não sei qual será sua reação, mas devo tentar pela última vez alcançar minha felicidade. Até agora, acumulei nove rejeições. Está nas mãos de Deus.

O tão esperado encontro ocorre no ambiente de trabalho. A ansiedade toma conta da dupla com Brian aparentando estar sério demais.

Brian

Divino, eu li sua mensagem. Precisamos conversar com urgência.

Divino

Tudo bem, Brian. Estou pronto!

Brian

Divino, eu não sei o que você pensa de mim. Eu não acho que você me conhece direito. Se eu fiz você pensar que teria chances comigo, peço desculpas. Mas você vê, você está totalmente errado. Estou muito feliz com uma mulher. Eu quero casar com ela e ter filhos. Esse é meu sonho. Você é uma pessoa extraordinária e trabalhadora, uma verdadeira artista que eu admiro. Eu gostaria que você pudesse encontrar a pessoa certa. Mas essa pessoa não sou eu. Por favor, não confunda mais esse sentimento nem me confunda mais! Somos apenas colegas de trabalho. Fui claro?

Divino

Totalmente claro. Obrigado por ser honesto comigo. Isso dói muito, mas vou superar. Espero que possamos viver em paz e ser bons colegas.

Brian

Eu desejo isso também, Divino. Eu sei que não podemos ser amigos. Mas quero pelo menos ter o seu respeito.

Divino

Você tem o meu respeito. Fique em paz!

Capítulo 22

Era mais um dia de trabalho, com uma novidade adicional.

Divino

O grande dia chegou. Eu terminei a reforma da casa dos meus pais. É por isso que convido você a almoçar na minha casa.

Brian

Ótimo, divino. Estou ansioso por este dia.

Renan

Eu não poderei ir. Eu tenho um compromisso nesse dia. Que pena!

Divino

Sem problemas! Talvez outra hora!

Leila

Vai ser ótimo! Estou muito animada! Vamos tomar cerveja e churrasco?

Divino

Claro que sim. Vou fazer um belo banquete. Devemos comemorar essa conquista, o novo lar de meus pais.

Brian

Parabéns, companheiro. Estou feliz por fazer parte dessa história incrível. Um camponês que se tornou funcionário público.

Divino

Divino

Isto é apenas o começo. Eu ainda quero fazer meus lindos filmes. Sonho em ganhar um grande prêmio para o meu país.

Leila

Não duvido que possa. Você tem força e vontade suficientes. Que o sucesso venha!

Divino

Eu agradeço! Tudo de bom para você também. Estarei esperando por você no domingo na minha casa.

Brian

Combinado! Estaremos lá!

No dia e no horário combinados, todos compareceram e a festa começou regada a cerveja, dança e música.

Divino

Fique à vontade! A casa é sua!

Leila

Você tem uma bela casa! Eu admiro sua preocupação com sua família. Um bom filho sempre será um bom profissional.

Divino

Devo tudo o que sou a eles. Minha família é minha fundação. Obrigado por tudo, meus pais!

Maria

Divino foi um presente que Deus me deu. Enfrentando a miséria, ele nunca parou de sonhar. Ele estudou muito para alcançar seu objetivo. Eu acredito que ele merece ter sucesso.

José

Tentei colocá-lo nos campos, mas logo vi que ele não podia suportar. Eu dei a ele uma chance e não me arrependo. Hoje ele é meu orgulho!

Leila

Você tomou a decisão certa. Seu filho é responsável, competente e eficiente. Ele justifica seu salário.

Brian

Ele sempre trabalha em equipe. Nós nos ajudamos. Suas ações me lembram meu falecido pai, que também era um guerreiro.

Divino

Qual foi a causa de sua morte?

Brian

Doença de Alzheimer.

Divino

Eu sinto muito. Se isso pode confortá-lo, sinto que ele está no céu. Boas pessoas nunca morrem. Eles apenas mudaram. Felicidade para a sua vida!

Brian

Obrigado, Divino. Muito obrigado pela oportunidade de estar aqui. Parabéns pela sua conquista.

Divino

Muito obrigado!

A festa continuou durante o dia todo. No final do dia, todos despedem-se e retornam às suas residências felizes, realizados e prontos para uma nova aventura.

Capítulo 23

Era o momento de luta. Uma luta de direitos dos trabalhadores do funcionalismo público. Era preciso reagir frente aos desmandos da administração central.

Vicência

Eu preciso falar com você. Uma greve nacional foi organizada. Peço a todos que participem desse importante momento de nossa carreira. Precisamos lutar por melhorias.

Renan

Você tem meu total apoio. Quero aumentos salariais, uma nova estrutura de carreira e melhores condições de trabalho.

Leila

Precisamos organizar nossas reivindicações e ter foco suficiente. Nós não podemos fugir. Nós devemos vencer esta batalha difícil.

Brian

Eu também estou com você. Sei o quanto minha participação é importante para essa vitória. E você, Divino, vai calar a boca?

Divino

Eu não participarei. Eu preciso continuar trabalhando e recebendo meu salário. Minha família precisa muito disso.

Vicência

Você é muito egoísta. Como você vai nos abandonar nesse momento?

Divino

Eu posso ajudar de outra maneira.

Vicência

Não há outro caminho. Você está fugindo da batalha. Uma greve, quando ocorre, é feita para todos. Somos nós que vamos perder o pagamento. E você vai ganhar tudo sem fazer nada?

Divino

Eu queria que você entendesse.

Brian

Não há como apoiá-lo, Divino. Perdoe-me, mas você é fraco. Você está sozinho.

Renan

Não conte comigo para nada, Divino. Você é uma decepção.

Divino

Estou cansado. Eu estou indo para casa mais cedo. Boa sorte a todos na greve!

Frustrado, Divino volta para casa e vai desabafar com seu companheiro de residência.

Homem

Por que você está triste, Divino? Você pode me contar o que aconteceu?

Divino

As coisas ficaram complicadas no trabalho após a greve. Não tenho apoio de mais ninguém. Eu me sinto num ambiente difícil. Como eu queria ter minha liberdade financeira para escapar de lá. Eu queria viver da minha arte, mas minhas tentativas parecem totalmente sem sentido. Envio meus livros para os editores e não tenho resposta. Tento encontrar um agente literário e nessas tentativas recebi mais de duzentas cartas de rejeição. Eu tento convencer os produtores a produzir meus roteiros. No entanto, nenhum deles presta atenção em mim. Estou completamente sozinho e desmotivado.

Homem

Desculpe. Os maus momentos servem de aprendizado e superação. O que você vê no seu futuro?

Divino

Eu tenho muita esperança. Mas há um longo caminho a percorrer. Eu preciso reunir minhas forças e superar isso.

Homem

Que tal se tornar um protagonista em sua história? Se os editores o rejeitam, por que você não auto publica seus trabalhos? Se os produtores não acreditam em seu trabalho, que tal fazer suas próprias produções? Existem softwares de animação no mercado. Este conselho também é verdadeiro para casos de amor. Quantas rejeições até agora?

Divino
Dez rejeições.

Homem
Bem. Tente ser feliz consigo mesmo. Não confie em ninguém para ser feliz. Viaje, pratique esportes, coma e vista-se bem, de qualquer forma, aproveite a vida da melhor maneira possível.

Divino
Eu já estou fazendo isso. Eu sou uma pessoa muito feliz. Embora eu sinta que algo está faltando em mim, estou sobrevivendo. Vou conseguir tudo o que quero. Eu prometo.

Homem
É assim que deve ser. Estou aqui para apoiá-lo. Todo o sucesso do mundo para você.

Divino
Que assim seja!

Capítulo 24

Num dia qualquer trabalhando no escritório, eis que Divino recebeu um e-mail.

Divino
Você não vai acreditar no que aconteceu! Acabei de receber um convite de um produtor estrangeiro! Finalmente minha história se tornará um filme!

Homem
Que milagre! Qual é o nome do filme?

Divino
Está escrito! Conta a história de um jovem camponês que se tornou cineasta.

Homem
Maravilhoso. Quando o filme será gravado?

Divino

Próximo mês. Vou me despedir dos meus colegas de trabalho.

Homem

Então vá depressa antes de se arrepender. Eu não disse que seu dia chegaria?

Divino

Após dez anos de provações e muitos prêmios em animação, Deus realizou o milagre. Agora é a hora da despedida.

Divino desloca-se para o trabalho para se despedir dos seus colegas. Com uma grande expectativa, uma mistura de sentimentos invade seu ser. Mas estava decidido. Ao chegar na sala de trabalho, anuncia:

Eu vim dizer adeus a todos. Vou viajar para o exterior para gravar meu filme. Depois disso, talvez eu não volte mais. Quero agradecer a todos os bons tempos.

Vicência

Eu não acredito. Que milagre!

Renan

Eu nunca duvidei disso. Um dia, meu dia chegarão também.

Brian

Como é Divino, você vai nos deixar? Você não considera os bons momentos que passamos juntos?

Divino

Eu vou atrás do meu sonho como você foi atrás do seu objetivo. Eu também tenho o direito de ser feliz. Se eu não posso ter amor, pelo menos vou ser feliz no cinema.

Brian

Eu entendo perfeitamente. Boa sorte no seu sonho. Eu estarei torcendo por você.

Divino

Eu sei que é sincero! Adeus!

Capítulo 25

Divino está na cerimônia do Oscar concorrendo com um de seus filmes. A emoção é grande pois estavam prestes a anunciar o vencedor.

Jornalista
E o prêmio Oscar deste ano vai para:
Está escrito! De Divino Torres.
A quem você dedica esse prêmio?
Divino
Para Deus em primeiro lugar! Minha mãe que gerou a mim e minha família em geral! Para Brian, que me ensinou o que é o amor e todos os sonhadores. Eu venci! Este Oscar é do Brasil!
Jornalista
Parabéns! Muito bem merecido! O que você deseja de agora em diante?
Divino
Quero continuar ganhando mais prêmios e buscando o amor. Não sei onde ele está, mas sei que vou encontrar.
Jornalista
Boa sorte, Divino. Felicidade em sua vida.
Divino
Obrigado!
Era um domingo qualquer. Nas redes sociais, Divino se encontrava tranquilo. Após um instante, verifica o correio eletrônico. Nisso, tem uma surpresa:
Eu recebi um e-mail. O que será? É uma mensagem do Brian. Pedindo um encontro comigo. Encontro você para descobrir do que se trata.

Capítulo 26

Lado a lado, os dois se maravilhavam com a bela paisagem da praia no Litoral do Nordeste Brasileiro.
Divino
Obrigado por ter realizado o meu sonho de conhecer a praia. Foi tão especial neste momento.
Brian
Eu queria estar com você e realizar o seu sonho. Parabéns pelo Oscar. Eu assisti à cerimônia. Você ainda me ama?

Divino

Eu te amo desde o primeiro momento. Mas isso só me trouxe dor porque eu não me encaixo no seu sonho.

Brian

Eu não acredito. Quando há amor, há milagres. Vê esta concha? A água do mar se encaixa nela. Por que você não se encaixaria no meu sonho?

Divino

Você me ama?

Brian

Eu sempre te amei, mas não me aceitei. Quando percebi que te perderia, refleti. Eu quero você. Eu quero amar você para sempre. Você pode me perdoar?

Divino

O amor perdoa todas as coisas, crê em todas as coisas e suporta todas as coisas. Obrigado por existir. Obrigado por me mostrar amor.

Brian

Meu pequeno!

Divino

Meu moreno! Juntos para sempre!

Final

www.ingramcontent.com/pod-product-compliance
Lightning Source LLC
LaVergne TN
LVHW020439080526
838202LV00055B/5272